Trainingsbuch für Improtheater

Workout für Improspieler

Annika Bach

Annika Bach

TRAININGSBUCH FÜR IMPROTHEATER

Impressum

Bibliografische Information der Deutschen Nationalbibliothek:
Die Deutsche Nationalbibliothek verzeichnet diese Publikation in der Deutschen Nationalbibliografie; detaillierte bibliografische Daten sind im Internet über http://dnb.dnb.de abrufbar.

© 2020 Annika Bach

Herstellung und Verlag: BoD – Books on Demand, Norderstedt

ISBN: 978-3-7504-8076-6

Inhaltsverzeichnis

Kreativ, spontan und schlagfertig – alles ist möglich mit Improvisation

Liebe Leserin, lieber Leser,

die richtigen Worte zur richtigen Zeit finden – meistens sind diese im Kopf, finden den Weg nach außen nicht. Und natürlich auch erst dann, wenn der Wortwechsel bereits beendet ist. Beim Improvisationstheater hingegen fliegen die Wörter schnell und scheinbar mühelos über die Bühne. Die Improspieler* entlocken dem Publikum einen Lacher nach dem anderen oder schaffen es mit ihren Geschichten die Zuschauer in ihren Bann zu ziehen und dramatische Momente zu erschaffen.

„So spontan sein und dann auch noch so kreativ - das könnte ich nicht", sagt ein Zuschauer. Kann er doch! Wieso funktioniert das beim Improvisationstheater so scheinbar mühelos? Improvisationsspiele und Übungen aus dem Theatersport trainieren Kreativität, Spontanität und Schlagfertigkeit optimal.

In diesem Buch finden Improtrainer, Gruppen und Interessierte zum einen Basisübungen, wie beispielsweise das miteinander spielen, aufeinander vertrauen, aufeinander hören und aufeinander achten. Wie ein Trainingsbuch z. B. für Sport stärkt und trainiert das Impro-Workout mit einem Fundus an Übungen und Spiele für Kreativität, Spontanität und

Schlagfertigkeit. Dazu gehört auch das Trainieren von Zusammenspiel und das Entwickeln von Ideen.

Die Zielgruppen sind Anfänger, Improgruppen ohne externen Trainer, Trainer von Improgruppen, Seminarleiter auf der Suche nach kreativen Übungen

Der Aufbau des Buches

Bei den einzelnen Übungen sieht man auf einen Blick für die jeweilige Einheit:

- Übungen für den Anfang des Trainings (Ü) oder Spiele, zum Erlernen und Vertiefen von Improtechniken (S)
- Für wen (Einsteiger oder Fortgeschrittene) sich die Übung eignet
- Was genau trainiert wird
- Für welche Gruppengröße die Übung geeignet ist
- Ob die Übung paarweise oder mit der gesamten Gruppe erfolgt
- Wie lange die Übung etwa dauert
- Was an Material benötigt wird

Jede Übung wird erklärt und gegebenenfalls mit Varianten ergänzt. Am Ende des Buches befindet sich eine Kopiervorlage für die Gestaltung von Übungsstunden mit unterschiedlichen Längen und Zielen.

Alle Übungen stammen aus mehrjähriger Erfahrung der Autorin als Improspielerin in verschiedenen Improgruppen und den dazugehörigen Trainings sowie Auftritten.

* Für die leichtere Lesbarkeit wird im Buch nur die männliche Form verwendet, gemeint sind immer alle Geschlechter.

Übungen

1. Abklopfmassage (Aufwärmübung)

Zielgruppe:	Anfänger und Fortgeschrittene
Spieler:	Ab 2
Ausführung:	Einzeln
Dauer:	Wenige Minuten
Materialien:	Keine

Zum Warmwerden und Auflockern eignet sich folgende Selbstmassage. Die Spieler stehen dazu im Kreis.

Die Grundstellung:
- ➲ Entspannte Schultern, Beine schulterbreit auseinander, Arme baumeln lassen
- ➲ Auf ruhiges Ein- und Ausatmen konzentrieren

Hände reiben:
- ➲ Hände in Höhe des Bauchnabels führen und Handflächen aneinander reiben

Gesicht waschen
- ➲ Handflächen sanft übers Gesicht streichen
- ➲ Von unten nach oben zur Stirn hin
- ➲ Dann von oben nach unten
- ➲ Zu den Seiten über die Wangen kreisen

Haare kämmen
- ➲ Finger wie einen breitzinkigen Kamm verwenden
- ➲ Mit den Fingern den Haarboden abklopfen

Nacken ausstreichen

⮕ Mit den Fingern am Nacken nach unten zu den Schultern streichen

⮕ Auf ruhiges Ein- und Ausatmen konzentrieren

Ohrmuscheln massieren

Arm abklopfen
⮕ Linken Arm zur Seite strecken, Innenseite nach oben drehen
⮕ Von der Achsel bis zum Handgelenk klopfen
⮕ Dann an der Außenseiten entlang wieder nach oben zur Schulter

Bauch reiben
⮕ Im Uhrzeigersinn

Kniescheiben massieren
⮕ Knie beugen
⮕ Handflächen auf Knie
⮕ Knie mit kreisenden Bewegungen reiben

Nieren wärmen
⮕ Hände mit den Fingern nach unten auf die Nierengegend legen
⮕ Liegen lassen bis Wärme gespürt wird dann in Richtung Kreuzbein reiben

Beine ausklopfen
⮕ Über den PO an den Außenseiten die Beine nach unten bis zu den Knöcheln klopfen
⮕ Über die Innenseiten wieder hoch über die Leisten nach hinten

Ausschlenkern
⮕ Lockere Grundstellung einnehmen, den Oberkörper locker in beide Richtungen drehen, Arme schlenkern

2. Die Bank nehmen *Einander wahrnehmen, Zusammenspiel*

Zielgruppe:	Anfänger und Fortgeschrittene
Spieler:	Ab 4
Ausführung:	Paarweise
Dauer:	Wenige Minuten
Materialien:	Zwei Stühle oder Bank

Zwei Stühle bilden eine Bank. Die Spieler versuchen abwechselnd, denjenigen, der auf der Bank sitzt, dazu zubringen aufzustehen. Jedes Mittel – außer körperlicher Gewalt – ist dafür erlaubt. Nacheinander versuchen die Spieler denjenigen auf der Bank zum Gehen zu überreden. Jeder Spieler hat nur einen Versuch. Beide Seiten müssen mit „Ja" antworten und auf die Vorschläge des anderen eingehen.

Beispiel:

Spieler kommt und erzählt dem Bankbesetzer, dass an dieser Stelle ein Hochhaus gebaut werden soll.
Bankbesetzer: Ja, das ist ein Bauplatz und ich bin von Greenpeace.
Spieler: „Ja, aber wir wollen hier bauen."
Bankbesetzer: „Das ist der einzige Brutplatz für den kleinen Zaunkönig in ganz Hamburg und dieser soll erhalten bleiben. Ich habe mich deshalb an die Bank gekettet."
Herausfordernder Spieler muss aufgeben, der nächste Spieler probiert sein Glück und versetzt Bank mit Verteidiger in neue Fiktion. Falls jemand eine Forderung stellt, die so dringlich und/oder durchtrieben ist, kann sie nicht abgelehnt werden. Bankverteidiger darf sich nicht taub oder stumm stellen. Er muss Vorschläge annehmen und selbst welche machen. Wenn Bankverteidiger mit einer Antwort in Verlegenheit gerät oder eine zuvor

genutzte Erwiderung erneut benutzt, dann darf herausfordernder Spieler
Bankverteidiger werden.

3. Drei Sätze frei *Einander wahrnehmen, Zusammenspiel*

Zielgruppe:	Anfänger und Fortgeschrittene
Spieler:	Ab 4
Ausführung:	Paarweise
Dauer:	Wenige Minuten
Materialien:	Eventuell Klebezettel, Wäscheklammern oder

Kreppband

Jeder Spieler hat für die gesamte Szene drei Sätze. Zum Visualisieren bekommt der Spieler drei Wäscheklammern oder Klebeband an die Kleidung. Nach jedem Satz schmeißt er entsprechend ein Teil weg.

Tipp: Viel Gestik und Mimik einbringen. Z. B. statt „Hilfe, da ist ein Einbrecher!" den Finger auf den Mund legen, erschrocken gucken und gestikulieren. Diese Übung fördert, dass weniger geblockt wird.

Variation: Von außen unterstützen die Mitspieler die Szene, haben aber auch nur maximal drei Sätze.

4. Ein Ding auf neue Weise verwenden   *Kreativität*

Zielgruppe:	Anfänger und Fortgeschrittene
Spieler:	Ab 4
Ausführung:	In der Gruppe
Dauer:	Etwa 10 Minuten
Materialien:	Verschiedene Gegenstände, Kleidung, Stuhl

Nehmt eine Requisite/einen Gegenstand (z. B. Kleiderbügel, Buch, Haargummi, Regenschirm), stellt euch im Kreis auf und verwendet den Gegenstand pantomimisch reihum auf immer neue Weise aber nie in seiner ursprünglichen Funktion

Beispiel: Kleiderbügel, der ein Kamm, eine Zeitung, ein Telefon, eine Tastatur, ein Lippenstift, ein Ohrring und viele mehr sein kann

Variation: Die Spieler verwenden den Gegenstand in alphabetischer Reihenfolge: Zum Beispiel Kleiderbügel – Apfel, Brot, Chlorreiniger, Dose …

5. Fiktionsspiel Gerüche (Aufwärmübung)

Zielgruppe:	Anfänger und Fortgeschrittene
Spieler:	Ab 4
Ausführung:	Einzeln oder paarweise
Dauer:	Etwa 5 Minuten
Materialien:	Keine

Spieler reagieren auf folgende vorgegebene Gerüche:

- ➲ Abgestandene Zigarettenasche
- ➲ Ofenfrische Brötchen
- ➲ Frisch gemähtes Gras
- ➲ Geschmolzene Butter
- ➲ Fisch vom Fischmarkt
- ➲ Jasminduft
- ➲ Kuhdung
- ➲ Saure Milch
- ➲ Warmer Käseauflauf
- ➲ Stinkende Schweißfüße

Variation: Je nach Situation für sich alleine bleiben oder den Kontakt zu anderen suchen.

6. Fliegende Bälle *Konzentration*

Zielgruppe:	Anfänger und Fortgeschrittene
Spieler:	Ab 5
Ausführung:	In der Gruppe
Dauer:	10 Minuten
Materialien:	Ein bis drei kleine Bälle

Alle stehen im Kreis. Ball wird in willkürlicher Reihenfolge im Kreis geworfen. Jeder Spieler merkt sich von wem er Ball erhalten hat und an wen er ihn weiterwirft. In zwei langsamen Runden die Reihenfolge wiederholen. Dann Tempo steigern.

Tipp: Für größere Runden bietet es sich an, dass alle Spieler eine Hand auf dem Kopf legen und diese herunternehmen, sobald sie den Ball bekommen haben. So ist klar ersichtlich, wer den Ball noch nicht bekommen hat.

Variationen: Sobald die Übung verstanden wurde und Weg des Balls flüssig wiedergegeben wird, einen weiteren – anders farbigen – Ball ins Spiel bringen. Neue Ballrunde starten und dann gleichzeitig mit erster Runde kombinieren. Eventuell auch noch dritten Ball ins Spiel bringen.

7. Flüsterpost   *Konzentration, Zusammenspiel*

Zielgruppe:	Anfänger
Spieler:	Mindestens 5
Ausführung:	In der Gruppe
Dauer:	Wenige Minuten
Materialien:	Keine

Die Spieler stehen im Kreis. Einer beginnt und flüstert einen Satz seinem linken Nachbarn ins Ohr. Der Empfänger darf nicht rückfragen oder Satz wiederholen lassen. Ist der Satz einmal im Kreis herumgegangen, sagt der Erste seinen Satz laut und dann der Letzte.

Tipp: Es geht um das Zusammenwirken der Gruppe. Also der „Sender" des Satzes muss deutlich sprechen und der „Empfänger" soll den Satz nicht absichtlich verändern.

8. Geh das Gegenteil (Aufwärmübung)

Zielgruppe:	Anfänger und Fortgeschrittene
Spieler:	Ab 3
Ausführung:	Einzeln
Dauer:	Etwa eine Minute pro Gehbefehl
Materialien:	Keine

Die Spieler gehen durch den Raum und machen genau das Gegenteil von dem, was der Spielleiter sagt. Zum Beispiel

- ➲ Leise sprechen (also laut sprechen)
- ➲ Schnell gehen
- ➲ Lachen
- ➲ Vorwärts gehen
- ➲ Aufstehen
- ➲ Gerade gehen
- ➲ In Zeitlupe gehen
- ➲ An der Nase kratzen
- ➲ Hüpfen
- ➲ Ohne die anderen anzustoßen/anzurempeln

9. Geh-Erlebnisse (Aufwärmübung)

Zielgruppe:	Anfänger und Fortgeschrittene
Spieler:	Ab 3
Ausführung:	Einzeln, paarweise und in der Gruppe
Dauer:	Etwa eine Minute pro Gangart
Materialien:	Keine

Alle Spieler gehen durch den Raum und erhalten folgende Anweisungen, dazwischen gehen sie in normaler Haltung und normalen Gehtempo:

Die Spieler gehen:

- ➲ Durch sehr hohes Gras
- ➲ Auf klebrigem Untergrund
- ➲ Auf Glatteis
- ➲ Barfuß über heißes Straßenpflaster
- ➲ Durch knöchelhohes, eiskaltes Wasser

Die Spieler gehen wie:

- ➲ Ein alter gebrechlicher Mann
- ➲ Ein Angetrunkener
- ➲ Ein Polizist im Dienst
- ➲ Bodybuilder
- ➲ Model

Die Spieler gehen mit:

- ➲ Schwerem Koffer
- ➲ Langer Leiter (evtl. zu Paaren finden)
- ➲ Zu zweit mit großer Glasplatte

➲ Korb auf dem Kopf

Tipp: Die Spieler stellen sich beim normalen Laufen durch den Raum eine Eisscholle vor – also alle sind immer gleichmäßig im Raum verteilt, damit die Eisscholle nicht „kippt". Spieler gehen nicht im Kreis hintereinander durch den Raum.

10. Geh-Geschichten (Aufwärmübung)

Zielgruppe:	Anfänger und Fortgeschrittene
Spieler:	Ab 4
Ausführung:	Einzeln, paarweise und in der Gruppe
Dauer:	Etwa eine Minute pro Gangart
Materialien:	Keine

Alle Spieler gehen durch den Raum und erhalten folgende Anweisungen, dazwischen gehen sie in normaler Haltung und normalen Gehtempo:

- ⮕ Gegend, in der Gehen verboten ist – Spieler erfinden neue Bewegungsart
- ⮕ Jeder Spieler geht über einen schmalen Steg – links und rechts lauern gefräßige Krokodile
- ⮕ Spieler haben im Lotto gewonnen und springen vor Freude durch den Raum
- ⮕ Mit Partner. Einer ist Marionettenführer, der andere die Marionette – dann Tausch
- ⮕ Starker Regen: Jeweils zwei Spieler gehen unter einem sehr kleinen Regenschirm zusammen
- ⮕ Beim Laufen geben die Spieler verschiedene Laute von sich: Schnarchen, weinen, lachen …
- ⮕ Spieler treffen aufeinander und sind Freunde, die sich schon seit Jahren nicht mehr gesehen haben und sich begrüßen
- ⮕ Spieler verabschieden sich voneinander, als ob sie sich sehr lange Zeit nicht mehr sehen würden

Tipp: Die Spieler stellen sich beim normalen Laufen durch den Raum eine Eisscholle vor – also alle sind immer gleichmäßig im Raum verteilt, damit die Eisscholle nicht „kippt". Spieler gehen nicht im Kreis hintereinander durch den Raum.

9. Gehen: Nimm´s wörtlich (Aufwärmübung)

Zielgruppe:	Anfänger und Fortgeschrittene
Spieler:	Ab 4
Ausführung:	Einzeln, paarweise und in der Gruppe
Dauer:	Etwa eine Minute pro Gangart
Materialien:	Keine

Alle Spieler gehen durch den Raum, halten Blickkontakt und erhalten vom Spielleiter Redensarten, die sie wörtlich nehmen und bei Bedarf sich einen Partner suchen. Dazwischen gehen sie in normaler Haltung und normalen Gehtempo. Mögliche Redensarten:

- ➲ Sich an jemanden die Zähne ausbeißen
- ➲ Jemanden Beine machen
- ➲ Jemanden an der Nase herumführen
- ➲ Jemanden auf den Arm nehmen
- ➲ Jemanden den Kopf verdrehen
- ➲ Jemanden schöne Augen machen
- ➲ Die Augen offenhalten
- ➲ Sich den Mund fusselig reden
- ➲ Jemanden verarschen
- ➲ Etwas an den Haaren herbeiziehen
- ➲ Das Haar in der Suppe finden
- ➲ Nur Bahnhof verstehen
- ➲ Jemanden die kalte Schulter zeigen
- ➲ Jemanden die Hölle heißmachen
- ➲ Sich verrückt machen
- ➲ Hummeln im Hintern haben
- ➲ Haarspalterei betreiben

Tipp: Die Spieler stellen sich beim Laufen durch den Raum eine Eisscholle vor – also alle sind immer gleichmäßig im Raum verteilt, damit die Eisscholle nicht „kippt". Spieler gehen nicht im Kreis hintereinander durch den Raum.

10. Gemeinsam klatschen (Aufwärmübung) *Konzentration*

Zielgruppe: Anfänger und Fortgeschrittene
Spieler: Ab 4
Ausführung: Im Kreis
Dauer: Etwa 5 Minuten
Materialien: Keine

Spieler stehen im Kreis und schließen die Augen. Irgendwann kommt der gemeinsame Impuls in die Hände zu klatschen. Nach einer Weile kommt wieder ein Klatschimpuls.

Das Ende ergibt sich automatisch: Es wird immer schneller geklatscht

Ziel: Möglichst gleichzeitig klatschen.

11. Gesicht lockern (Aufwärmübung)

Zielgruppe:	Anfänger und Fortgeschrittene
Spieler:	Ab 2
Ausführung:	In der Gruppe
Dauer:	Etwa 5 Minuten
Materialien:	Keine

Alle Spieler stehen im Kreis:

- ➲ Locker stehen
- ➲ Gesicht massieren und ausstreichen
- ➲ Kopf leicht nach vorn beugen und ausschütteln
- ➲ Mund öffnen und mit beiden Händen Kinn ausstreichen
- ➲ Kopf nach vorn und hinten neigen – wenn Kopf nach hinten geht, Mund weit öffnen
- ➲ Mit Zunge Mundinnenraum massieren
- ➲ Imaginär Kaugummi kauen
- ➲ Grimassen schneiden – ohne die Hände zu benutzen

12. Gemeinsam aufstehen   Zusammenarbeit, Vertrauen

Zielgruppe:	Anfänger und Fortgeschrittene
Spieler:	Ab 2
Ausführung:	Paarweise und in der Gruppe
Dauer:	2 bis 15 Minuten
Materialien:	Keine

Paare setzen sich Rücken an Rücken auf dem Boden. Ohne den Rückenkontakt zu verlieren, soll sich hingesetzt werden.

Variation: Wenn die Paare dies geschafft haben, dann in Dreier- und Vierergruppen weitermachen bis zum Schluss die gesamte Gruppe aneinander gelehnt gemeinsam aufsteht.

13. Goofy *Einander wahrnehmen*

Zielgruppe:	Anfänger und Fortgeschrittene
Spieler:	Ab 8
Ausführung:	In der Gruppe
Dauer:	Wenige Minuten
Materialien:	Keine

Ein Spieler ist „Goofy" und ist „sehend". Alle anderen Spieler gehen mit geschlossenen Augen im Raum umher. Wenn zwei Spieler sich treffen, fragen sich diese leise "Bist du Goofy?" Wenn beide Spieler fragen, handelt es sich nicht um Goofys. Goofy selber stellt diese Frage nicht und spricht auch sonst nicht. Erhält man also keine Antwort, hat man Goofy gefunden, und bildet eine Kette hinter ihm oder hängt sich an diese an. Dann öffnet der Spieler die Augen.

Die Goofy-Kette versucht, sich nicht von den (blinden) Spielern erwischen zu lassen. Die blinden Mitspieler hingegen müssen versuchen, so schnell wie möglich selber zum Goofy zu werden.

Tipp: Die „blinden" Spieler gehen vorsichtig durch den Raum. Die Goofy-Kette möglichst geräuschlos.

14. Einäugige *Konzentration*

Zielgruppe: Anfänger und Fortgeschrittene
Spieler: Ab 6
Ausführung: Paarweise
Dauer: Pro Paar wenige Minuten, dann Partnerwechsel
Materialien: Keine

Die Spieler finden sich zu Paaren zusammen, bei einer ungeraden Teilnehmerzahl ist ein Dreierteam dabei. Einer der Partner wird zum „Einäugigen".

Aufgabe des „Einäugigen": Partner fangen

Dafür:

- ➲ Schließt er ein Auge
- ➲ Vor das andere Auge hält er seine Hände als Fernrohr
- ➲ Steife Bewegungen, beim nach links und rechts schauen wird der ganze Körper bewegt
- ➲ Dreht sich fünfmal mit geschlossenen Augen

Ist der Partner gefangen, werden die Rollen getauscht

Tipp: Spielfläche nicht zu groß wählen und nach außen begrenzen. Spielleiter achtet darauf, dass Gegenstände am Rand nicht gerammt werden und greift gegebenenfalls ein.

15. Eine Ente, zwei Beine, Platsch   *Konzentration*

Zielgruppe:	Anfänger und Fortgeschrittene
Spieler:	Ab 5
Ausführung:	In der Gruppe
Dauer:	Insgesamt etwa 5 Minuten
Materialien:	Keine

Es geht nun darum, möglichst viele Enten sicher ins Wasser zu befördern.
Spieler stehen im Kreis und sprechen:

1. Spieler: „Eine Ente"
2. Spieler: „Zwei Beine"
3. Spieler: „Springt ins Wasser"
4. Spieler: „Platsch"
5. Spieler: „*Zwei* Enten"
6. Spieler: „*Vier* Beine"
7. Spieler: „Springen ins Wasser"
8. Spieler: „Platsch"
9. Spieler: „*Platsch*"

Es ist jeweils die doppelte Anzahl Beine (jede Ente hat ja zwei) zu nennen
und es gibt je Ente auch ein „Platsch". Das Spiel wird solange gespielt, bis
jemand einen Fehler macht und wird dann von vorne begonnen.

Variation: Spieler, der Fehler macht, scheidet aus.

16. Führung abgeben   *Vertrauen*

Zielgruppe:	Anfänger und Fortgeschrittene
Spieler:	Ab vier (gerade Anzahl)
Ausführung:	Paarweise
Dauer:	Etwa 5 Minuten
Materialien:	Keine

Spieler bilden Paare. Jeder Spieler tippt seine Spitze eines Zeigefingers an die des Partners und zwar nur die Spitzen („Fingerabdrücke"). Einer der beiden schließt die Augen und wird von dem anderen durch den Raum geführt. Die „Führung" erfolgt still und ruhig. Der Führende achtet darauf, dass er führt und nicht geführt wird.

Tipps: An alle Ebenen denken (oben, unten, zurück …).

17. Geräuschedusche *Kreativität, Zusammenspiel*

Zielgruppe: Fortgeschrittene
Spieler: Ab 4
Ausführung: In der Gruppe
Dauer: Etwa 10 Minuten
Materialien: Keine

Spieler stehen im Kreis, einer in der Mitte mit geschlossenen Augen. Ohne Absprache erschaffen die anderen Spieler eine Geräuschkulisse (Meeresrauschen, Staubsauger, Popcornmaschine) mit Spannungsbogen. Zuhörer in der Mitte erzählt anschließend, welche Geschichte in seiner Fantasie entstanden ist.

Variationen: Geräuschemacher einigen sich auf ein Geräusch und zuhörender Spieler muss dieses erraten.

Ein Teil der Gruppe ist Geräuschemacher, die übrigen zwei bis drei Spieler gehen auf die Bühne und agieren anhand der Geräuschkulisse.

18. Gruppenstandbild *Einander wahrnehmen, Zusammenspiel*

Zielgruppe:	Anfänger und Fortgeschrittene
Spieler:	Ab 3
Ausführung:	In der Gruppe
Dauer:	Etwa 5 Minuten
Materialien:	Keine

Ein Spieler hat Idee für ein Gruppenstandbild, hält diese geheim, geht auf die Bühne und nimmt entsprechende Pose ein. Die Mitspieler überlegen, was das ausgedachte Gruppenbild sein könnte und stellen sich nach und nach mit eigener Pose dazu, „frieren" ein. Wenn alle im Gruppenbild vertreten sind, fragt der Trainer vom letzten bis zum ersten Spieler nach, welches Bild er gesehen hat.

19. Improvisation mit festen Text *Kreativität, Zusammenspiel*

Zielgruppe: Anfänger und Fortgeschrittene
Spieler: Ab zwei
Ausführung: Paarweise
Dauer: Etwa 5 Minuten
Materialien: Evtl. Stühle zum Sitzen

Zwei Spieler treten auf, unterhalten sich nur mit ihren Namen und ihrer Adresse.

Tipps: Es können auch Aliens oder Tiere vor der Tür stehen.
Tür auf verschiedene Arten öffnen. Durch unterschiedliche Betonung wird den Wörtern eine neue Bedeutung gegeben.

Varianten: Die Zahlen 1 bis 30 – bei der letzten Zahl wird die Szene beendet.

Es darf nur ein neutrales Wort verwendet werden – z. Bsp. Rot.

20. Improvisation mit Tür   *Kreativität*

Zielgruppe:	Anfänger und Fortgeschrittene
Spieler:	Ab 4
Ausführung:	In der Gruppe
Dauer:	Etwa 5 Minuten
Materialien:	Tür des Raumes

Die Hälfte der Gruppe steht auf einer Seite der Tür, die anderen auf der anderen Seite. Eine Person öffnet die Tür und beginnt die Spielidee. Person auf der anderen Seite geht entsprechend darauf ein. Schnell und überraschendes Ende der Szenen. Nach einem Durchlauf öffnet die andere Spielerseite die Tür.

Tipps: Es können auch Aliens oder Tiere vor der Tür stehen.
Tür auf verschiedene Arten öffnen.

21. In der Stadt (Aufwärmübung)

Zielgruppe:	Anfänger und Fortgeschrittene
Spieler:	Ab 4
Ausführung:	Einzeln, paarweise und in der Gruppe
Dauer:	Etwa 5 Minuten
Materialien:	Keine

Alle Spieler gehen durch den Raum. Sie stellen sich vor, dass Sie einen Stadtbummel durch eine größere Stadt machen.

Die Spieler:

- ⮑ Gehen umher, sehen dabei niemanden an und nehmen niemanden wahr
- ⮑ Haben es eilig und müssen an einer Fußgänger-Ampel warten
- ⮑ Sind in der Fußgänger-Zone und es sind sehr viele Menschen da
- ⮑ Nehmen andere Spieler wahr und schauen einander an
- ⮑ Begrüßungen ohne Stimme und Händeeinsatz
- ⮑ Begrüßung zwischen Bekannten

22. Kreismassage *Vertrauen*

Zielgruppe:	Anfänger und Fortgeschrittene
Spieler:	Ab fünf
Ausführung:	Paarweise
Dauer:	Etwa 5 Minuten
Materialien:	Keine

Alle stehen im Kreis, weniger als eine Armlänge voneinander entfernt auseinander.

Alle Spieler drehen sich zu ihrem linken Nachbarn und legen ihre Hände auf dessen Schultern. Nun massieren sie Rücken, Nacken und Schultern. Es wird nicht gesprochen, der Massierte gibt nur durch Laute/Töne/Geräusche dem Masseur einen Hinweis, ob er zu fest oder zu sanft massiert.

Nach ein paar Minuten umdrehen und dasselbe mit dem rechten Nachbarn wiederholen.

23. Meine Geschichte, Deine Geschichte   *Konzentration*

Zielgruppe:	Anfänger
Spieler:	Ab 4
Ausführung:	Paarweise
Dauer:	Etwa 5 Minuten
Materialien:	Keine

Zwei Spieler stehen auf der „Bühne", die anderen sind Zuschauer. Beide schauen einander an und erzählen zu einer Vorgabe wie z. B. „Urlaubserlebnis" eine kleine Geschichte. Wenn beide ihre Geschichte erzählt haben, soll jeder so gut wie möglich die des anderen wiederholen. Der ursprüngliche Erzähler berichtet dann, was ausgelassen oder verändert wurde. Dann wird das Publikum gefragt, ob etwas ausgelassen oder verändert wurde. Anschließend trägt der zweite Spieler die Geschichte des ersten vor.

Tipp: Beim ersten Mal den Spielern nicht erzählen, dass es darauf ankommt, gut zuzuhören. So zeigt sich, dass Konzentration immer vorhanden sein sollte.

24. Mücke, Fisch, Bär *Zusammenspiel*

Zielgruppe: Anfänger und Fortgeschrittene
Spieler: Gerade Anzahl, mindestens 4
Ausführung: Paarweise
Dauer: Wenige Minuten
Materialien: Keine

Spiel ist an „Schnick, Schnack, Schnuck"/„Schere, Stein, Papier" angelehnt. Spieler stehen in einer Reihe paarweise Rücken an Rücken. Trainingsleiter klatscht, daraufhin drehen sich alle zu ihrem Partner um und machen ein Zeichen für Mücke, Fisch oder Bär.

Mücke: Flattern mit den Händen und Armen
Fisch: Arme an den Oberkörper und Hände als Flossen, Mund zu Fischmund spitzen
Bär: Hände als Klauen vor das Gesicht

Der Bär frisst den Fisch, der Fisch verspeist die Mücke und die Mücke sticht den Bären. Wenn der „Fisch"-Spieler den „Mücke"-Spieler isst, dann scheidet dieser aus. „Sieger" suchen sich neuen Partner für die nächste Runde. Bei gleichen Tieren, wird wiederholt.

Tipp: Für Tier vor dem Umdrehen entscheiden. Ausgeschiedene Spieler beobachten die Spieler im Spiel: Wie bereiten sie sich vor, bevor sie sich umdrehen?

Variation: Andere Tiere wählen.

25. Namen schreiben (Aufwärmübung)

Zielgruppe:	Anfänger und Fortgeschrittene
Spieler:	Ab 2
Ausführung:	In der Gruppe
Dauer:	Wenige Minuten
Materialien:	Keine

Mit den verschiedenen Körperteilen werden Namen der Teilnehmer in die Luft geschrieben.

- ➲ Mit dem Fußgelenk
- ➲ Mit der Hüfte
- ➲ Mit dem Ellenbogen
- ➲ Mit dem Kopf
- ➲ Mit den Augen

Tipp: Auf Balance achten.

Variationen: Mit den Körperteilen Zahlen schreiben.

24. Namensspiel „Ich bin …" (Aufwärmübung) *Kennenlernen*

Zielgruppe:	Anfänger und Fortgeschrittene
Spieler:	Ab 5
Ausführung:	In der Gruppe
Dauer:	Abhängig v. Gruppengröße, max. 15 Min.
Materialien:	Keine

Jeder sagt reihum seinen Namen. Dann wiederholt der erste seinen Namen und sagt etwas über sich selbst, z. B. „Ich bin Daniela und fahre gerne nach Australien". Der zweite Spieler wiederholt „Das ist Daniela und sie fährt gerne nach Australien." Er ergänzt: „Ich bin Michael und mag Spaghetti." Dies wird so lange gemacht, bis ein Spieler sich nicht an die Namen oder Aussagen seiner Vorredner erinnern kann. Dann beginnt dieser Spieler mit einer neuen Runde. Die bisherigen Spieler können bei Wunsch gerne eine neue Aussage tätigen. Das Spiel geht so lange, bis jeder mindestens einmal dran war.

Variation: Die persönliche Vorliebe fängt mit dem gleichen Buchstaben an wie der Vorname. Also „Ich bin Daniela und mag Dartspielen".

25. Namensspiel „Hilf mir ...“   *Kennenlernen*

Zielgruppe: Anfänger und Fortgeschrittene
Spieler: Ab 6
Ausführung: In der Gruppe
Dauer: Abhängig v. Gruppengröße, max. 10 Min.
Materialien: Keine

Die Spieler stehen in einem großen Kreis und jeder Spieler sagt reihum seinen Namen. Ein Spieler A steht in der Kreismitte und geht auf einen anderen Spieler B zu. Spieler B ruft Namen eines anderen Spielers C. Spieler A geht nun auf diesen zu.

Wenn B zu spät ruft und A ihn antippt, muss B in die Mitte. Ruft B rechtzeitig, dann geht A nun auf C zu. Solange bis ein Spieler sich entweder vertut z. B. den Namen des vorherigen Spielers nennt oder keinen Namen nennt. Sobald ein Spieler abgeschlagen wird, muss er in die Mitte.

Variation: Bei einer größeren Gruppe gehen zwei Spieler in die Mitte.

26. Orte raten *Kreativität, Zusammenspiel*

Zielgruppe:	Anfänger und Fortgeschrittene
Spieler:	Ab 4
Ausführung:	In der Gruppe
Dauer:	10 bis 20 Minuten
Materialien:	Keine

Ein oder zwei Spieler verlassen den Raum. Die anderen denken sich einen nicht geografischen Ort (beispielsweise Bahnhof, Flughafen, Supermarkt) aus. Die Spieler stellen alleine oder zu zweit die für diesen Ort typischen Situation pantomimisch da (z. B. Fahrkartenkauf, Check-in). Die Ratenden werden hereingerufen. Sie beschreiben, was sie sehen und versuchen den Ort zu erraten.

Variationen: Ungewöhnliche und konkrete Orte – wie z. B. Reeperbahn in Hamburg

27. Partnersuche *Einander vertrauen/wahrnehmen*

Zielgruppe:	Anfänger
Spieler:	Ab 6
Ausführung:	Paarweise
Dauer:	Etwa 5 Minuten
Materialien:	Keine

Alle Spieler stehen nah beieinander im Kreis und drehen sich nach rechts. Hände auf die Schulter des Vordermannes legen. Genau anschauen und merken. Augen schließen und etwa 2 Minuten lang mit Händen Schulter, Hals und Kopf des Vordermannes erfühlen.

Augen geschlossen lassen und vorsichtig an die Wandseiten des Raumes gehen. Danach im Raum herum gehen und Partner wiederfinden. Wird angenommen, das ursprünglicher Partner gefunden wurde, bei ihm bleiben, bis er seinen Partner gefunden hat. Am Ende sollten alle wieder im Kreis stehen.

Während der Übung wird nicht gesprochen!

Zum Schluss heißt es vom Trainingsleiter: „Augen auf!".

Tipp: Übungsleiter achtet darauf, dass keiner zusammenstößt oder sich verletzt.

Variation: Schon beim Drehen im Kreis zum Vordermann die Augen schließen, so dass dieser nicht angeschaut wird.

28. Posieren und bewegen *Konzentration*

Zielgruppe:	Anfänger und Fortgeschrittene
Spieler:	Ab 5
Ausführung:	In der Gruppe
Dauer:	Etwa 5 Minuten
Materialien:	Keine

Spieler gehen im Raum herum und bewegen sich dabei möglichst ausgefallen und in alle Richtungen. Probenleiter klatscht und alle erstarren in der aktuellen Position. Dann benennt Probenleiter einen oder mehrere Spieler, die eine kurzes Szenario spielen – einen Satz oder kurze Szene. Dann beginnt nächste Runde.

Tipp: Maximal pro Stopp drei Spieler aufrufen. Die aufgerufenen Spieler sollten möglichst nicht gleichzeitig mit Sprechen anfangen.

29. Reimspiel *Kreativität, Zusammenspiel*

Zielgruppe:	Anfänger und Fortgeschrittene
Spieler:	Ab 2
Ausführung:	Mindestens zwei Spieler gleichzeitig
Dauer:	Mehrere Minuten
Materialien:	Keine

Beliebige Vorgabe. Erster Spieler sagt einen Satz. Der zweite Spieler sagt einen Satz, der sich auf den ersten Satz reimt und dann noch einen neuen Satz. Der erste Spieler reimt auf den zuletzt gesagten Satz und sagt dann wieder neuen. Beispiel:

Spieler A: „Ich habe eine neue Hose."
Spieler B: „Und das ist eine ganz famose! Zieh die doch für dein Bewerbungsgespräch an."
Spieler A: „Super Idee, Mann! Dann klappt das endlich mal mit einem Job."
Spieler B: „Das wäre top. Und wir hätten endlich was zu essen im Haus …"

Variation: Eine mögliche Vorübung wäre, dieses Spiel im Kreis mit allen anwesenden Spielern reihum zu spielen.

30. Rollenspiele *Kreativität, Zusammenspiel*

Zielgruppe:	Anfänger
Spieler:	3 bis 5
Ausführung:	Mindestens zwei Spieler
Dauer:	Etwa 15 Minuten
Materialien:	Vorbereitete Karten mit Rollenprofilen

Spieler einigen sich auf einen Ort, an dem Leute zusammen sind, die sich kennen (z. B. WG). Planen gemeinsame Aktivität – z. B. Ausflug oder Party. Jeder Spieler zieht eine Karte für seine Rolle.

Beispiele für die Karten mit den Rollen:

1. Person
   ➲ Kühl und distanziert
   ➲ Hinterfragt alles
   ➲ Hohes Sprachniveau, benutzt viele Fremdwörter

2. Person
   ➲ Helfersyndrom
   ➲ Opfert sich
   ➲ Macht immer viel Wirbel

3. Person
   ➲ Mauerblümchen
   ➲ Schüchtern und leicht beleidigt
   ➲ Macht ungenaue Aussagen

Variation: Während des Spiels werden die Eigenschaftskarten ausgetauscht. Szenen gehen nahtlos weiter, Charaktere verändern sich begründet.

31. Rücken an Rücken   *Konzentration, Zusammenspiel, Vertrauen*

Zielgruppe:	Anfänger und Fortgeschrittene
Spieler:	Ab 2
Ausführung:	Paarweise
Dauer:	5 Minuten
Materialien:	Keine

Jeweils zwei Personen stellen sich Rücken an Rücken. Dann geht das Paar zusammen los, dabei muss ständiger Kontakt an Schultern, Rücken und Po vorhanden sein. Wenn einer vorwärts geht, dann folgt ihm der andere. Ebenso beim seitwärts gehen.

Variation: Einbau von Hindernissen und variieren des Gehtempos. Gemeinsames Hinsetzen und Aufstehen.

32. Sagte er/sie *Zusammenspiel*

Zielgruppe:	Fortgeschrittene
Spieler:	Ab 4
Ausführung:	Paarweise
Dauer:	Wenige Minuten pro Szene
Materialien:	Keine

Jeder Spieler darf frei sprechen, aber nicht frei handeln. Der Spieler bestimmt die Handlungen seines Mitspielers.

Beispiel:

A: „Grüß, Dich altes Haus!"
B: „… sagte sie und schlug ihrem Kumpel auf die Schulter."
[A schlägt B auf die Schulter]
B: „Du hast die Kohle dabei?"
A: „… fragte er und zückte eine Pistole"
[B zückt Pistole]
A: „Ja!"
B: „… und wühlt in den Taschen"

Tipp: Handlungsweisen körperlich voll ausspielen. Konkrete und spielfördernde Handlungsanweisungen.

33. Sprechen bei Berührung

Zielgruppe:	Fortgeschrittene
Spieler:	Ab 4
Ausführung:	Paarweise
Dauer:	Mehrere Minuten
Materialien:	Keine

In der Szene darf nur der Spieler sprechen, der einen anderen Spieler berührt. Dauerberührungen – z. B. Händchen halten – sind nicht erlaubt. Möglichst begründet berühren – damit spielen.

Variationen: Bei Berührung dürfen beide sprechen.

34. Statuskippe/Setz´ dich durch *Zusammenspiel*

Zielgruppe:	Fortgeschrittene
Spieler:	Ab 4
Ausführung:	Paarweise
Dauer:	Pro Rollenspiel etwa 2 Minuten
Materialien:	Eventuell Kärtchen mit Rollenvorschlägen

Paarweise werden Rollen eingenommen. Spieler A ordnet an, was Spieler B spielen soll. Nach einer Zeit nimmt Spieler B den ihm von Spieler A zugewiesenen Status nicht mehr an. Spieler B „fällt" aus der Rolle.

Die Übung erfolgt am besten mit dem Rest der Gruppe als Publikum, während immer zwei spielen.

Vorschläge für Basisrollen: Arzt & Kranker, Chef & Auszubildender, Diva & Fotograf, Erzieher & Mutter, Gemüsebauer & Frittenliebhaber, Hundezüchter & Schäferhund, Wahrsager und Versager, Wissenschaftler & Botenjunge

Tipp: A & B wechseln während des Spiels mehrmals den Status.

35. Stegreif-Rede

Zielgruppe:	Anfänger und Fortgeschrittene
Spieler:	Ab 2
Ausführung:	Einzeln
Dauer:	1 Minute
Materialien:	Zettel mit Themenvorgaben

Spieler zieht Zettel mit Themenvorgabe wie „Luftballons finde ich …",
„Großstädte sind für mich …" oder „Meine Familie …". Spieler hat eine
Minute, um über das gezogene Thema zu sprechen. Rede soll ohne
Verlegenheitssilben wie „äh" und ohne „und" und „aber" gehalten werden.

Variationen: Verlängerung der Redezeit.
Ausschluss von anderen Wörtern.

36. Wer ist der Mörder? *Konzentration*

Zielgruppe:	Anfänger und Fortgeschrittene
Spieler:	Ab 8
Ausführung:	In der Gruppe
Dauer:	Wenige Minuten
Materialien:	Keine

Alle Spieler stehen im Kreis ohne sich zu berühren und schließen die Augen. Ein Spieler geht umher und tippt einem anderen Spieler kurz auf die Schulter. Dieser ist nun der „Mörder". Dann geht er weiter um den Kreis und tippt einem anderen auf die Schulter und sagt „Du bist Kommissar und findest den Mörder". Alle öffnen die Augen und der „Kommissar" gibt sich zu erkennen. Alle Spieler gehen nun umher und schütteln sich die Hände. Der Mörder kitzelt dabei unauffällig und kurz die Handfläche seines Gegenübers. Der so Begrüßte ist ein „Mordopfer" und stirbt wenige Sekunden nach der Begegnung dramatisch. Kommissar muss herausfinden wer der Mörder ist

Variationen:

„Dreimal versuchen:" Kommissar hat nur drei Versuche Mörder zu finden.

„Blinzelmörder I" – Spieler begrüßen sich nicht per Handschlag. Mörder blinzelt sein Opfer an. Dieses stirbt wieder dramatisch.

„Blinzelmörder II" – Spieler laufen nicht umher, sondern bleiben im Kreis stehen und schauen sich an. Mörder blinzelt seinem Opfer zu.

37. Zipp, Zäpp, Zupp   *Konzentration, Zusammenspiel*

Zielgruppe:	Anfänger und Fortgeschrittene
Spieler:	Ab 6
Ausführung:	In der Gruppe
Dauer:	Mehrere Minuten
Materialien:	Keine

Alle Spieler stehen in einem Kreis eng zusammen. Einer zeigt mit zusammengelegten Händen auf einen anderen Mitspieler (nicht Nachbar) und ruft dabei „Zipp!". Der Spieler, auf den gezeigt wurde, legt nun auch seine Hände zusammen, zeigt auf den nächsten Spieler und ruft „Zäpp!". Dieser wiederum zeigt auf den nächsten und ruft „Zupp!" Wenn in der Reihenfolge Fehler gemacht werden oder ein Spieler zu lange zögert, scheidet dieser aus und setzt sich auf den Boden.

Tipp: Möglichst hohe Geschwindigkeit

Variationen: Bei einer Anzahl von mindestens acht Personen, kann Spiel mit zwei Startspielern beginnen.
Es können auch andere Wortkombinationen gewählt werden – zum Beispiel „Ding, Däng, Dong".

38. Zu zweit zeichnen *Zusammenspiel*

Zielgruppe:	Anfänger und Fortgeschrittene
Spieler:	Ab 2
Ausführung:	Zu zweit
Dauer:	Mehrere Minuten
Materialien:	Papier und Stifte

Zwei Spieler erhalten zusammen ein Blatt Papier. Jeder der Spieler hat einen Stift. Es wird immer abwechselnd ein Strich aufs Papier gesetzt. Ein Strich ist zum Beispiel eine geschlängelte Linie, ein Kreis. Ein Dreieck besteht aus drei Strichen ein Viereck aus vier Ecken. Es kann zu einem bestimmten Thema gemalt werden (z. B. Jahreszeit, Tiere, Natur ...). Es darf sich nicht abgesprochen werden, es darf nicht korrigiert/radiert werden. Zeichnung kann konkret als auch abstrakt sein. Es ist keine Schrift erlaubt.

Spieler durchtauschen. Über gemeinsame Erfahrungen sprechen, was ging gut, was nicht. Hintergrund der Übung: Annahme und Verwendung von Vorschlägen.

Spiele

39. 5 – 4 – 3 – 2 – 1 (Langformspiel) *Zusammenspiel, Aufeinander achten*

Zielgruppe:	Fortgeschrittene
Spieler:	Mindestens vier Spieler, am besten 10 Spieler
Ausführung:	Paarweise mit Support
Dauer:	Mehrere Minuten
Materialien:	Evtl. Stuhl

1. Runde:

Fünf Szenen, die alle auf fünf verschiedenen Vorgaben des Publikums beruhen. Die Szenen haben unter einander keine Verbindung.

2. Runde:

Vier Szenen, die nun beginnen sich lose untereinander zu verbinden. Publikum wählt eine Szene ab.

3. Runde:

Die drei Szenen werden weitergeführt, verbinden sich untereinander stärker. Publikum wählt wieder Szene ab.

4. Runde:

Es werden nur noch zwei Szenen gespielt, die stark miteinander verbunden sind.

5. Runde:

Schluss-Szene, die die beiden Szenen aus der 4. Runde zusammenbringt.

40. A spricht B spricht C *Zusammenspiel, Aufeinander achten*

Zielgruppe:	Anfänger und Fortgeschrittene
Spieler:	Drei
Ausführung:	Alle drei Spieler gleichzeitig
Dauer:	Mehrere Minuten
Materialien:	Evtl. Stuhl

Als Vorgabe einen (nicht geografischen) Ort und/oder einen Beruf geben lassen. Jeder Spieler wird durch seinen Sprecher vorgestellt (Name, Alter, Beruf …):
A wird von **B** gesprochen, **B** von **C** und **C** von **A**

Tipps: Am besten zwei spielen gleichzeitig und dritter Spieler ist im Off oder bei einer Tätigkeit im Hintergrund – auf den Fokus achten. Nicht nur sprechen, auch husten, singen, lachen, weinen, pfeifen …

41. Diavortrag   *Aufeinander achten*

Zielgruppe:	Anfänger und Fortgeschrittene
Spieler:	Mindestens vier
Ausführung:	Alle Spieler gleichzeitig
Dauer:	Mindestens 5 Minuten
Materialien:	Evtl. Stuhl

Vorgabe kann ein Referat zu einem bestimmten Thema sein oder Reisebericht. Ein Spieler hält den Vortrag. Nach ein paar Sätzen sagt der Vortragende „Klick!", das Licht geht aus oder Zuschauer schließen die Augen. In dieser Zeit bilden die anderen Spieler ein Gruppenbild/Dia, die das Thema bzw. das Gesagte unterstützen. Der Vortragende kommentiert und erläutert das Foto.

Tipps: Vortragender sollte Impulse, die die Statuen/Bilder ihm geben, in seinen Vortrag aufnehmen. Darsteller und Spieler können sich herausfordern: Beispielsweise könnte der Vortragende sagen: „Oh, das Dia ist seitenverkehrt/auf dem Kopf/falsch herum" – dann müssen die Spieler möglichst versuchen das Gegenteil darzustellen. Ebenso sollten die Spieler NICHT auf das Gesagte eingehen, sondern möglichst absurde Posen einnehmen. Es müssen nicht immer alle Spieler auf das Dia.

42. Dirigierte Geschichte (Ojjjeee) *Zusammenspiel, Bewegung*

Zielgruppe:	Anfänger und Fortgeschrittene
Spieler:	Mindestens vier
Ausführung:	Alle Spieler gleichzeitig
Dauer:	Mehrere Minuten
Materialien:	Keine

Drei oder mehr Spieler stehen in einer Reihe – vor ihnen kniet ein „Dirigent", der jeweils auf einen der Spieler zeigt. Solange der Dirigent auf den Spieler zeigt, so lange muss er erzählen. Wechselt der Dirigent zu einem anderen Spieler, so muss dieser die Geschichte nahtlos – also ohne Wiederholung und ohne „Ähm" oder andere Füllwörter – fortsetzen und außerdem grammatikalisch richtig. Macht ein Spieler einen Fehler, so scheidet er aus – bis am Ende nur ein Spieler übrigbleibt, der die Geschichte dann zu Ende erzählt.

Tipps: Beim Spiel vorm Publikum ruft der Dirigent (gemeinsam mit dem Publikum) beim Ausscheiden eines Spielers laut „Stirb!". Dieser „stirbt" dann theatralisch und geht von der Bühne ab.

43. Gebärdendolmetscher *Zusammenspiel, Bewegung*

Zielgruppe:	Anfänger und Fortgeschrittene
Spieler:	Drei
Ausführung:	Alle drei Spieler gleichzeitig
Dauer:	Mehrere Minuten
Materialien:	Zwei Stühle

Szene wird zu dritt gespielt. Ein Spieler ist der Gebärdendolmetscher, einer ist Interviewer und der dritte Experte. Interviewer und Experte sitzen und unterhalten sich, Gebärdendolmetscher steht im Vordergrund und übersetzt mit vollem Körpereinsatz (hinfallen, springen, laufen).

Im wörtlichen Sinn übersetzen. Der Fokus liegt auf den Gebärdendolmetscher.

Mögliche Vorgaben: Expedition, Abenteuerreise, neu erfundene Maschine, Sportart für Tier.

Tipps: Die Sprecher sollten sich witzige Namen geben (Frau Hasenohr, Herr Tischbein, Frau Glücklich …). Was gut ankommt, öfter wiederholen.

44. Heldenreise (Langformspiel) Zusammenspiel

Zielgruppe:	Anfänger und Fortgeschrittene
Spieler:	Mindestens vier
Ausführung:	Verschiedene Szenen mit verschiedener Anzahl von Spielern
Dauer:	Etwa eine Stunde
Materialien:	Evtl. Stühle

1. Held/in lebt in ganz normaler Welt
   - Es wird ganz normale Welt gezeigt
   - Routine etablieren
   - Plattform aufbauen

   Beispiele: Juttas Alltag als alleinerziehende Mutter zweier Kinder, Rentner-Ehepaar Müller macht wieder eine Kreuzfahrtreise, Cowboy Bills Arbeitsalltag und Feierabend am Lagerfeuer

2. Held/in erhält Ruf etwas zu unternehmen oder sich einer Herausforderung zu stellen
   - Held/in verspürt Mangel, hat Problem, steht vor einer Herausforderung
   - Ihm fehlt etwas Wichtiges, was ihm weggenommen wurde oder was er will

   Beispiele: Familienangehöriger ist verstorben (z. B. ermordet, Freund ist entführt, Unfähigkeit etwas zu verzeihen)

3. Held/in verweigert sich zuerst, da er sich von der normalen Welt noch nicht losmachen kann
   - Hat Angst oder will Sicherheit nicht aufgeben

4. Ein (weiser) Mentor ermutigt Held/in
   - Mentor kann fiktive Gestalt sein
   - Held überwindet zögerliche Haltung

5. Held passiert erste Schwelle, bricht auf, um seine Mission zu erfüllen
   - Erste Schwelle zur unbekannten Welt des Abenteuers ist zugleich erster Wendepunkt
   - Held/in muss schwere Prüfungen bestehen
   - Kann Kampf gegen eigene innere Widerstände und Illusionen sein

   Beispiele: Heißluftballon löst sich, Held/in erhält Frist zur Erfüllung einer Aufgabe, Kampf mit Monster oder Drachen

6. Held/in stellt sich Prüfungen
   - Verbündete, Feinde und/oder widrige Umstände werden eingeführt

   Beispiele: Im Bauch eines Wales gefangen, Schloss im Zauberwald

7. Held/in ist in der unmittelbaren Nähe eines gefährlichen Ortes, Ziel des Helden kommt in Reichweite
   - Es kann zur Konfrontation kommen, Kampf um Leben und Tod mit feindlicher Macht
   - Entscheidende Prüfung des Helden oder Cliffhanger

8. Held/in überlebt diese Situation und erhält Belohnung:

Elixier   Anerkennung   Respekt von ehemaligen Gegnern

   (Elixier: Heilmittel, das die Welt des Helden/der Heldin wieder in Ordnung bringt)

Beispiele: Held/in ergreift Zauberschwert und erhält bedeutungsvollen Gegenstand, erkämpft Medikament, das die Menschheit retten wird, gewinnt neue Fähigkeiten

9. Auf Rückweg in die gewohnte Welt muss sich Held/in den Konsequenzen stellen, die sich aus der Konfrontation mit der feindlichen Macht (Schritt 7) ergeben haben Verfolgungsszenen, Prüfung des gewandelten Helden

Beispiele: Verfolgungsjagd mit Raumschiff oder Pferd, einer der Gefährten wird gefangen genommen, Held/in wird Zauberschwert abgenommen, Held wird vor tragische Liebeswahl gestellt

10. Rückkehr in die gewohnte Welt, Elixier wird angewendet, um Missstand zu beseitigen, der die Welt aus den Fugen brachte

45. Im Fesselballon   *Parodie/Imitation, Aufeinander achten*

Zielgruppe:	Anfänger und Fortgeschrittene
Spieler:	Vier bis sechs
Ausführung:	Alle Spieler gleichzeitig
Dauer:	Mehrere Minuten
Materialien:	Evtl. vier Stühle

Bitte bedenken: Dieses Spiel ist etwas makaber, aber durch die Dramatik und Wahlmöglichkeit des Publikums mitreißend.
Als Vorgabe erhält jeder Spieler eine Figur wie Promi, historische Persönlichkeit, Beruf, Märchenwesen, Superheld, bekannte Zeichentrickfigur … Die Spieler sitzen in einem fiktiven Fesselballon und stellen fest, dass ihr Ballon restlos überladen ist und sie nur dann leben auf der Erde landen, wenn einer von ihnen aus dem Ballon springt. Jeder versucht nun die anderen und das Publikum davon zu überzeugen, dass gerade er besonders wichtig ist und nicht geopfert werden darf. Die Zuschauer entscheiden in Abständen von beispielsweise drei Minuten (kann dann mit schwindender Anzahl der Spieler weniger werden) wer den Ballon verlassen muss. Am Ende gewinnt der „überzeugendste" Spieler.

Tipps: Ruhig die Enge des Ballons darstellen (z. B. mit Stühlen als Begrenzung), die Person, die im Fokus ist, stellt sich nach vorn.
Dieses Spiel ist auch als Übung möglich – dann entscheidet jeder Spieler spontan, in welche Rolle er schlüpft. Danach besprechen: Wie wurde versucht von der eigenen Wichtigkeit zu überzeugen? Was war bei der Abstimmung ausschlaggebend?

46. Marathon mit fließendem Übergang *Kreativität*

Zielgruppe:	Fortgeschrittene
Spieler:	Mindestens vier
Ausführung:	Abwechselnd
Dauer:	Mindestens 5 Minuten
Materialien:	Keine

Zwei Spieler beginnen kurze Szene an einem bestimmten Ort (Vorgabe des Publikums). Dritter Spieler kommt dazu und verlegt Szene in eine neue Welt, die Spieler auf der Bühne regieren. Der neue Spieler schickt einen Spieler mit Begründung heraus oder einer der bisherigen Spieler geht begründet ab.

47. Partyspiel *Zusammenspiel, Aufeinander achten, Parodie/Imitation*

Zielgruppe:	Anfänger und Fortgeschrittene
Spieler:	4
Ausführung:	Gastgeber beginnt, dann treffen Gäste ein, erratene Gäste gehen in den Hintergrund oder von der Bühne
Dauer:	Etwa 5 Minuten
Materialien:	Keine

Spieler, der Gastgeber spielt, verlässt Raum. Den drei Partygästen werden jeweils eine Persönlichkeit zugeordnet. Dies können lebende oder bereits verstorbene Persönlichkeiten sein – Schauspieler, Politiker etc. Es sind aber auch fiktionale Figuren wie der Weihnachtsmann, Aschenbrödel, Zahnfee usw. möglich.

Gastgeber startet mit Partyvorbereitungen. Nach und nach treffen die Gäste ein und geben Hinweise auf ihre Identität. Gäste können sich gegenseitig unterstützen.

Variationen: Statt Persönlichkeiten haben die Gäste Besonderheiten (Fähigkeiten, Hobbies, Ängste), z. B. Höhenangst, sehen Verstorbene, kennen alle Pflanzenarten ...

48. Radio-Mix *Kreativität*

Zielgruppe:	Anfänger und Fortgeschrittene
Spieler:	Mindestens vier
Ausführung:	Abwechselnd
Dauer:	Mehrere Minuten
Materialien:	Keine

Die Spieler stehen in einer Reihe. Spielleiter/Dirigent holt vom Publikum Radiosender/Genre/etc. ein. Jeder Spieler erhält einen Radiosender. In zufälliger Folge wechselt Dirigent zwischen den Sendern und der jeweilige Spieler spielt einen Ausschnitt aus seinem Programm.

49. Schreibmaschine/Typewriter *Kreativität, Aufeinander achten, Zusammenspiel*

Zielgruppe:	Anfänger und Fortgeschrittene
Spieler:	Mindestens vier
Ausführung:	Gemeinsam
Dauer:	Etwa 15 bis 20 Minuten
Materialien:	Keine

Vorgabe ist der Titel einer Geschichte oder eines Buches.
Ein Spieler ist Autor einer Geschichte/eines Romans/eines Buches. Er sitzt im Vordergrund am Rand, schräg zum Publikum und erzählt laut eine Geschichte, während er so tut, als ob er auf einer Schreibmaschine oder einer Computertastatur tippt. Wenn der Autor Personen erwähnt, dann treten die anderen Spieler als diese Personen auf und agieren wie vom Autor gewünscht bzw. vorgeschrieben. Die Spieler können durch Dialoge, Bewegung, Gesten etc. die Handlung vorantreiben und/oder verändern.

Tipps: Wird der Typewriter so gespielt, dass Autor an einer Schreibmaschine sein Buch schreibt, dann kann er Szenen in den Papierkorb werfen.
Ansonsten kann der Autor Szenen löschen sowie neu schreiben und somit in veränderter Form spielen lassen.
Handlungsort kann gewechselt werden und Rückblenden sind möglich.
Autor kann Dialoge erzwingen (daraufhin sagte sie: …).

50. Stehen, sitzen, liegen *Zusammenspiel, Aufeinander achten, Bewegen*

Zielgruppe:	Anfänger und Fortgeschrittene
Spieler:	Drei
Ausführung:	Alle drei Spieler gleichzeitig
Dauer:	Mehrere Minuten
Materialien:	Stuhl

Am besten Ort als Vorgabe wählen. Szene wird zu dritt gespielt. Einer steht, einer sitzt auf dem Stuhl und einer liegt. Jeder wechselt seine Position mit Begründung – es bleibt also immer ein Spieler stehen, einer sitzen und einer liegen. Szene bleibt immer in Bewegung.

Beispiel: Im Schulzimmer – Lehrer steht, Schüler sitzt und Hausmeister liegt. Lehrer legt sich zu Hausmeister auf dem Boden, um die Arbeit zu kontrollieren. Schüler geht an die Tafel, um die Aufgabe fertig zu rechnen. Hausmeister setzt sich auf dem Stuhl und gibt dem Schüler Tipp. Erneuerter Wechsel ...

Tipp: Wenn Bühne nicht erhöht ist, die Position „liegen" ersetzen (zum Beispiel knien) oder tatsächlich eine Liege (oder ersatzweise zwei Stühle) verwenden.

Variationen: Neue Positionen wie zum Beispiel knien oder bücken statt liegen.

51. Stichwortspiel/"Rein & raus" *Zusammenspiel, Aufeinander achten, Bewegen*

Zielgruppe:	Anfänger und Fortgeschrittene
Spieler:	Drei
Ausführung:	Alle drei Spieler gleichzeitig
Dauer:	Mehrere Minuten
Materialien:	Eventuell Stuhl

Einen (nicht geografischen) Ort als Vorgabe wählen. Außerdem für jeden Spieler ein Codewort (zum Beispiel eine Zahl wie „sieben", eine Farbe wie „rot" oder ein Werkzeug wie „Säge"). Jedes Mal, wenn das Codewort des Spielers genannt wird (z. B. „sieben") muss dieser Spieler auf die Bühne oder mit einer Begründung („Hole noch etwas/XY, muss mal, kann nicht etc.) abgehen. Achtung: Jeder Spieler darf sein eigenes Codewort nicht sagen – außer beim „Reinrufen" am Anfang zu Beginn oder zum Schluss, in dem er sich selbst „rauswirft" und so Szene beendet.

Tipps: Bei Zahlen auch mal die entsprechende Zahl auslassen, wie z. B. die „sieben" (z. B. Spieler zählt etwas „vier, fünf, sechs – ah, sechs Eier!"). Gerne foppen, wie Spieler ständig raus und reinschicken („Ist das Kleid rot? Nein, ist kein rot, oder? Oder doch ein Rotton?")
Zum Ende schneller werden, also rasche Wechsel.

52. Verkaufsshow *Zusammenspiel*

Zielgruppe:	Anfänger und Fortgeschrittene
Spieler:	Vier
Ausführung:	Alle vier Spieler gleichzeitig
Dauer:	Mehrere Minuten
Materialien:	Evtl. Stühle

Zwei Spieler sind Verkäufer eines Teleshopping-Senders und werden jeweils von einem der anderen beiden Spieler gespielt. Ein Verkäufer stellt die Fragen, der andere stellt Produkt vor und zeigt die Funktionen. Kulisse erinnert an Wohnung der Zuschauer: Küche oder Wohnzimmer oder Garage etc. Vorgaben: Konkretes Produkt oder Produkt mit Phantasienamen.

Tipps: Völlig überzogene Begeisterung für ein Produkt. Übertriebene, überschwängliche und übermotivierte Sprache: Die Unterhaltung zwischen den beiden Verkäufern ist mit Übertreibungen durchzogen (Nein! Wirklich! Unglaublich! Fantastisch!). Aussagen werden mehrmals im wortgleichen Wortlaut wiederholt. Erstaunte Mimik: Weit aufgerissene Augen und hochgezogene Augenbrauen. Sehr ausgeprägte Gestik: Raumeinnehmend, übertrieben, offen und weit. Wie bei einer Auktion (nur umgedreht) wird der Preis immer mehr unterboten und es gibt noch Extras dazu. Telefonnummern zum Bestellen und Anzahl der vorrätigen Waren ansagen. Künstlichen Zeitdruck erzeugen.
Spiel nicht zu oft in Shows einbauen, da Stereotype bedient werden und diese auf Dauer Spieler und Publikum langweilen.

53. Zusammen sprechen *Aufeinander achten, Zusammenspiel*

Zielgruppe:	Anfänger und Fortgeschrittene
Spieler:	4
Ausführung:	Paarweise
Dauer:	Etwa 5 Minuten
Materialien:	Keine

Etwa gleichgroße Spieler stellen sich nebeneinander und legen sich die Arme um die Schultern – sie verschmelzen für die Zuschauer zu einer Person. Sie sprechen gleichzeitig, daher langsam. Die „Doppelperson" ist eine fiktive Rolle – mit eigenem Namen und eigenen Gewohnheiten etc. Spieler reagieren auf eine Vorgabe wie z. B. Expertenvortrag zum Thema XY.

Variation: Dreier-Team, Vierer-Team, Fünfer-Team bis alle Spieler im Kreis stehen und gleichzeitig sprechen.

54. Zwei sprechen über Kreuz   *Zusammenspiel, Aufeinander achten*

Zielgruppe:	Anfänger und Fortgeschrittene
Spieler:	Vier
Ausführung:	Alle vier Spieler gleichzeitig
Dauer:	Mehrere Minuten
Materialien:	Evtl. Stuhl

Als Vorgabe einen (nicht geografischen) Ort und/oder einen Beruf geben lassen. Szene wird zu viert gespielt. Die „A"-Spieler sitzen mit dem Rücken zum Publikum am Bühnenrand. Der linke „A"-Spieler spricht den rechten „B"-Spieler (nur Mundbewegungen) und der rechte „A"-Spieler spricht den linken „B"-Spieler.

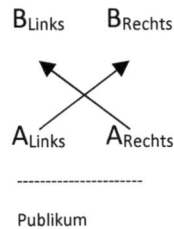

Jedes Paar beginnt mit einer Vorstellung der Person.
Tipp: Nicht nur sprechen, auch husten, singen, lachen, weinen, pfeifen …

Übungsplanung – Vorlage

Datum:

Zeitdauer:

Übungsteilnehmer:

Ziel der Stunde:

	Übungen	Buchseite	Benötigte Zeit
Erwärmung:			
Hauptteil:			
Abschluss:			

Übungsplanung – Beispiel

Datum: *30. Juli 2025*   **Zeitdauer:** *2 Stunden*

Übungsteilnehmer: *Improgrupp Anfänger, sechs Personen*

Ziel der Stunde: *Kreativität steigern*

	Übungen	Buchseite	Benötigte Zeit
Erwärmung:			**30 Min.**
Aufwärmen im Kreis	Abklopfmassage	14	5
	Ein Ding auf neue Weise verwenden	19	10
	Namen schreiben	44	5
Aufwärmen im Raum	Fiktionsspiel Gerüche	20	5
	In der Stadt	40	5
Hauptteil:			**1 Std. 25 Minuten**
	Orte raten	47	10
	Improvisation mit Tür	39	10
	Reimspiel	50	10
	Marathon mit fließendem Übergang	71	10
	Rollenspiele	51	15
	Schreibmaschine/Typewriter (mehrere Durchgänge)	74	30
Abschluss:	Abschlusskreis (Gruppenritual und/oder Danksagung/Verabschiedung)		5